EMPLOIS CIVILS

RÉSERVÉS

AUX ANCIENS MILITAIRES GRADÉS

DÉCRET

portant règlement d'administration publique et relatif aux emplois réservés aux anciens militaires gradés comptant au moins cinq ans de services.

PARIS

IMPRIMERIE ET LIBRAIRIE LÉAUTEY, A. LE NORMAND, Sʳ

187, Boulevard St-Germain et Rue St-Guillaume, 24

EMPLOIS CIVILS

RÉSERVÉS

AUX ANCIENS MILITAIRES GRADÉS

DÉCRET

portant règlement d'administration publique et relatif aux emplois réservés aux anciens militaires gradés comptant au moins cinq ans de services.

PARIS

IMPRIMERIE ET LIBRAIRIE LÉAUTEY, A. LE NORMAND, Sʳ

187, Boulevard St-Germain et Rue St-Guillaume, 24

EMPLOIS CIVILS

AUX ANCIENS MILITAIRES GRADÉS

*Décret portant règlement d'administration publique
et relatif aux emplois réservés aux anciens militaires gradés comptant au moins cinq ans de
services.*

Le Président de la République française,

Sur le rapport du ministre de la guerre,

Vu l'article 84 de la loi du 15 juillet 1889, ainsi
conçu : « A partir du 1er novembre de la 8ᵉ année
qui suivra la mise en vigueur de la présente loi,
nul ne pourra être admis à exercer certains emplois
salariés par l'Etat ou les départements si, n'ayant pas
été déclaré impropre au service militaire, à l'appel
de sa classe, il ne compte au moins cinq années de
services actifs dans les armées de terre ou de mer,
dont deux comme officier, sous-officier, caporal ou
brigadier, ou si, avant les dates ci-dessus men-
tionnées, il n'a été retraité ou réformé.

« Un règlement d'administration publique, qui
devra être promulgué un an au plus après la mise
en vigueur de la présente loi, déterminera les emplois ainsi réservés, les conditions auxquelles les
candidats devront satisfaire pour les obtenir et le
mode de recrutement de ces emplois, en cas d'in-
suffisance de candidats remplissant les conditions
voulues. »

Vu le décret du 28 janvier 1892 ;

Le conseil d'Etat entendu,

Décrète :

Art. 1er. — Les emplois énumérés dans les
tableaux annexés au présent règlement sont réservés

aux militaires et anciens militaires remplissant les conditions fixées par l'article 81 de la loi du 15 juillet 1889.

Ils ne peuvent être attribués à d'autres postulants qu'à défaut de candidats de cette catégorie.

Les notices contenant les programmes des connaissances exigées et des conditions à remplir sont envoyées ou remises, par les diverses administrations, aux candidats qui les demandent.

Art. 2. — Toute demande d'emploi doit être adressée au général commandant la région dans laquelle se trouve le corps auquel le candidat appartient ou a appartenu pendant qu'il était en activité de service.

Si le candidat est présent au corps, la demande est transmise par la voie hiérarchique. Si le candidat est dans ses foyers, elle est transmise par l'intermédiaire de la gendarmerie.

L'autorité militaire donne son avis sur la demande et la transmet à l'autorité compétente dans un délai qui ne doit pas dépasser un mois.

Art. 3. — Pour chaque catégorie d'emplois, une commission nommée par l'administration intéressée statue sur la moralité et l'aptitude professionnelle des candidats.

Lorsque, pour l'obtention d'un emploi, la notice visée à l'article 1er prescrit un examen, la commission fait subir au candidat les épreuves exigées et décide s'il a une connaissance suffisante des matières contenues dans le programme.

Un officier, désigné, sur la demande de l'administration intéressée, par l'autorité militaire locale, fait partie de la commission avec voix délibérative.

La commission ne peut délibérer en son absence.

La liste des candidats admis est transmise par le président de la commission au ministre de la guerre.

Il y a, pour chaque catégorie d'emplois, au moins une session d'examen par an.

Art. 4. — A la suite de la session, les candidats admis sont classés par catégorie d'emplois dans l'or dre déterminé par le grade, et, dans chaque grade, par la durée totale des services. Les nominations sont faites en suivant ce classement ; s'il existe des candidats inscrits sur des listes antérieures, les candidats nouveaux sont inscrits à la suite.

Art. 5. — Lorsqu'un emploi est donné au concours, tous les candidats sont astreints aux mêmes épreuves.

Ceux qui les ont subies avec succès et qui peuvent réclamer le bénéfice de l'article 84 de la loi sur le recrutement ont, pour la nomination à l'emploi, un droit de priorité sur tous les autres.

Ils sont classés entre eux selon la règle fixée à l'article précédent.

Art. 6. — Chaque année, au plus tard le 1er juillet, les ministres et les différentes administrations transmettent au ministre de la guerre un état indiquant, pour l'année précédente, le nombre de vacances pour chaque emploi, le nombre des places demandées et le nombre de nominations faites en faveur des officiers, sous-officiers, caporaux et brigadiers ayant la durée de services exigée par l'article 84 de la loi du 15 juillet 1889.

Ces états sont insérés, par les soins du ministre de la guerre, au *Journal officiel*.

Art. 7. — Les emplois figurant sur les tableaux annexés au présent décret et sur les tableaux annexés à la loi du 18 mars 1889 et aux décrets rendus pour son exécution, sont attribués, dans la proportion fixée, d'abord aux candidats remplissant les conditions de ladite loi et ensuite aux militaires ou anciens militaires visés à l'article 84 de la loi du 15 juillet 1889,

Art. 8. — Le décret du 28 janvier 1892 est abrogé.

Art. 9. — Le ministre de la guerre et les autres ministres, chacun en ce qui le concerne, sont chargés de l'exécution du présent décret, qui sera publié au *Journal officiel* et inséré au *Bulletin des lois.*

Fait à Paris, le 29 mai 1902.

EMILE LOUBET,

Par le Président de la République :
Le ministre de la guerre,
Général L. ANDRÉ.

Tableaux annexés au décret du 29 mai 1902, portant règlement d'administration publique et relatif aux emplois réservés aux anciens militaires gradés comptant au moins cinq ans de services.

NOTA. — **Le brevet d'officier équivaut au diplôme de bachelier.**

Le nombre d'années qui suit la désignation de l'emploi indique la limite d'âge pour l'admission.

Ministère des affaires étrangères.

Attaché stagiaire (27 ans). — Un dixième des vacances dans l'emploi d'attaché est réservé à l'avancement des expéditionnaires qui remplissent les conditions exigées par le règlement spécial au ministère des affaires étrangères. — Expéditionnaire stagiaire (30 ans). — Homme de peine (27 ans). — Courrier facteur (27 ans). — Courrier de cabinet. — Elève chancelier (moins de 30 ans). — Commis de chancellerie (moins de 30 ans).

Ministère de la justice. — *Administration centrale.*

Expéditionnaire stagiaire (30 ans). — Gardien de bureau et ordonnance (pas de condition d'âge).

Cour de cassation.

Gens de service (pas de condition d'âge).

Imprimerie nationale.

Correcteur de 3ᵉ classe (35 ans). — Sous-prote et assimilé. — Garde-magasin. — Commis expéditionnaire (35 ans). — Préposé aux livraisons, aux achats et aux objets divers (35 ans). — Garçon de caisse (35 ans). — Concierge (35 ans). — Garçon de bureau (35 ans).

Grande chancellerie de la Légion d'honneur.

Commis expéditionnaire (30 ans). — Gardien de bureau (30 ans au plus). — Portier des maisons d'éducation (30 ans au plus). — Surveillant des hommes de peine à Saint-Denis (30 ans). — Jardinier (30 ans). — Cocher (30 ans).

Ministère de l'intérieur et des cultes.

Administration centrale

Gardien de bureau (30 ans).

Administration pénitentiaire.

Régisseur de culture (30 ans). — Conducteur de travaux de bâtiments (30 ans). — Instituteur (30 ans). — Commis aux écritures (30 ans). — Teneur de livres (30 ans). — Commis-greffier des prisons de la Seine (30 ans). — Gardien ordinaire des prisons de la Seine (moins de 35 ans avec services militaires). — Gardien commis-greffier dans les établissements pénitentiaires (32 ans). — Gardien des maisons centrales et pénitenciers agricoles (32 ans). — Gardien des prisons, maisons cellulaires de courtes peines, prisons en commun (32 ans). — Surveillant des colonies pénitentiaires et maisons d'éducation pénitentiaires (32 ans).

— Gardien-portier et concierge d'établissements pénitentiaires de divers genres (pas de limite d'âge).

Etablissements nationaux de bienfaisance.

Commis aux écritures (pas de limite d'âge).

Direction de l'assistance et de l'hygiène publiques.

Commis d'agence dans le département de la Seine (30 ans). — Préposé au placement dans le département de la Seine-Inférieure.

Police sanitaire maritime.

Agent, sous-agent, surveillant ou garde, canotier ou marinier, concierge ou gardien. — Secrétaire, commis et employé. — Capitaine et lieutenant de la santé.

Etablissements thermaux de l'Etat et établissements de bienfaisance.

Commis aux écritures.

Administration des cultes.

Rédacteur stagiaire (30 ans). — Un dixième des vacances dans l'emploi de rédacteur est réservé à l'avancement des expéditionnaires qui remplissent les conditions exigées par le règlement spécial à l'administration des cultes. — Expéditionnaire stagiaire, garçon de bureau (30 ans).

GOUVERNEMENT GÉNÉRAL DE L'ALGÉRIE

Administration centrale.

Rédacteur (30 ans). — Un dixième des vacances dans l'emploi de rédacteur est réservé à l'avancement des commis expéditionnaires qui remplissent les conditions exigées par le règlement spécial au gouvernement général de l'Algérie. — Commis expéditionnaire (36 ans). — Gardien de bureau (30 ans). — Si le candidat a des services civils comptant pour la retraite, la limite d'âge est reculée dans une proportion égale à la durée de ces services.

Administration départementale.

Rédacteur (30 ans). — Un dixième des vacances dans l'emploi de rédacteur est réservé à l'avancement des commis expéditionnaires qui remplissent les conditions exigées par le règlement spécial au gouvernement général de l'Algérie. — Commis ordinaire (36 ans). — Commis vérificateur (36 ans). — Commis expéditionnaire (36 ans). — Garçon de bureau (36 ans).

Service des communes mixtes.

Commis de commune mixte (30 ans). — Adjoint de commune mixte (30 ans).

Enregistrement, domaines et timbre.

Receveur surnuméraire (30 ans). — Garde-magasin (30 ans). — Contrôleur de comptabilité (30 ans). — Timbreur tourne-feuilles (36 ans).

Contributions directes.

Surnuméraire (36 ans). — Répartiteur (36 ans). — Commis auxiliaire, pas de limite d'âge.

Postes.

Receveur (35 ans). — Brigadier facteur (30 ans). — Facteur-receveur (30 ans).

Télégraphes.

Commis surnuméraire (30 ans). — Surveillant (30 ans).

Poids et mesures.

Vérificateur adjoint (36 ans).

Service sanitaire.

Garde sanitaire.

Contributions diverses.

Surnuméraire (30 ans). — Commis auxiliaire (pas
de limite d'âge). — Porteur de contraintes (45 ans.)

Service de la sûreté en Algérie.

Sous-inspecteur (40 ans). — Agent (40 ans).

Prisons d'Alger.

Gardien concierge de la maison centrale.

Ecole d'apprentissage de Dellys.

Econome (30 ans). — Secrétaire de la direction
(30 ans). — Adjudant (30 ans). — Concierge-
vaguemestre (30 ans).

Pêche côtière.

Garde maritime : pouvoir prétendre, soit par l'âge,
soit par les services antérieur, à la solde de
retraite à l'âge maximum de 65 ans.

Topographie.

Elève géomètre (36 ans). — Commis sédentaire
(36 ans). — Garçon de bureau (36 ans).

Ponts et chaussées.

Commis stagiaire (30 ans). — Limite d'âge reculée
d'un nombre d'années égal à celui des années de
services militaires ou civils comptant pour la
retraite. En aucun cas le candidat ne doit avoir
dépassé l'âge de 40 ans.

Phares et balises.

Gardien de phare (25 ans au moins), limite d'âge reculée d'un nombre d'années égal à celui des années de services militaires ou civils; 35 ans au plus, admissibles pour la retraite. En aucun cas le candidat ne devra avoir dépassé l'âge de 45 ans.

Forêts.

Garde domanial (37 ans). — Garde sédentaire (37 ans).

Ports de commerce.

Maître de port: avoir 30 ans au minimum.

Hydraulique agricole.

Barragiste. — Garde-canaux.

Emplois salariés par le département.

Garçon de bureau : 1° du conseil général; — 2° des archives départementales. — Concierge de la préfecture et des sous-préfectures. — Commis à l'inspection des enfants assistés.

Voirie du département d'Alger.

Agent voyer ordinaire (36 ans). — Agent voyer secondaire (36 ans).

Ministère des finances. — *Administration centrale.*

Rédacteur stagiaire (30 ans). — Un dixième des vacances dans l'emploi de rédacteur est réservé à l'avancement des expéditionnaires qui remplissent les conditions exigées par le règlement spécial du ministère des finances. — Expéditionnaire stagiaire (30 ans.) — Agent de comptoir (35 ans). — Veilleur de nuit (35 ans). — Gardien de bureau (35 ans).

Contributions directes.

Percepteur surnuméraire (30 ans). — Contrôleur stagiaire (30 ans).

Douanes.

Commis surnuméraire (30 ans). — Préposé ou matelot des douanes (30 ans).

Contributions indirectes.

Commis surnuméraire (30 ans). — Préposé au service des sucres (30 ans). — Préposé aux distilleries (30 ans). — Préposé au service général (30 ans). — Receveur buraliste (30 ans).

Manufactures de l'Etat.

Commis de la culture des tabacs (30 ans). — Vérificateur stagiaire de la culture des tabacs (30 ans). — Commis stagiaire des manufactures (30 ans).

Enregistrement, domaines et timbre.

Commis de dernière classe (30 ans). — Sous-agent à l'atelier général du timbre (30 ans). — Garde magasin du timbre (30 ans). — Contrôleur de comptabilité (30 ans. — Commis de contrôle (30 ans). — Receveur surnuméraire (30 ans). — Commis du service central (30 ans).

Trésorerie d'Algérie et de Cochinchine.

Commis de 5ᵉ classe (30 ans).

Administration des monnaies.

Rédacteur stagiaire (30 ans). — Un dixième des vacances dans l'emploi de rédacteur est réservé à l'avancement des expéditionnaires qui remplissent les conditions exigées par le règlement spécial au ministère des finances. — Expéditionnaire stagiaire (30 ans). — Gardien de bureau (35 ans).

Caisse des dépôts et consignations.

Commis stagiaire (30 ans). — Un dixième des vacances dans l'emploi de commis est réservé à l'avancement des expéditionnaires qui remplissent les conditions exigées par le règlement spécial à la Caisse des dépôts et consignations. — Expéditionnaire stagiaire (30 ans). — Gardien de bureau (30 ans).

Ministère de la guerre. — *Administration centrale.*

Rédacteur stagiaire (30 ans). — Un dixième des vacances dans l'emploi de rédacteur est réservé à l'avancement des expéditionnaires qui remplissent les conditions exigées par le règlement spécial au ministère de la guerre. — Expéditionnaire (35 ans). — Gardien de bureau (35 ans).

ÉCOLES MILITAIRES. — *École supérieure de guerre.*

Commis d'administration (30 ans ou des services militaires dont la durée permet de compter 30 ans de services à 60 ans d'âge). — Agent subalterne (30 ans ou des services militaires dont la durée permet de compter 30 ans de services à 60 ans d'âge).

Prytanée militaire.

Aspirant répétiteur (30 ans ou des services militaires dont la durée permet de compter 30 ans de services à 60 ans d'âge). — Commis d'administration (30 ans ou des services militaires dont la durée permet de compter 30 ans de services à 60 ans d'âge). — Gardien de 5e classe (30 ans ou des services militaires dont la durée permet de compter

30 ans de services à 60 ans d'âge). — Garçon de
5e classe (30 ans ou des services militaires dont la
durée permet de compter 30 ans de services à
60 ans d'âge.

Ecole spéciale militaire.

Commis d'administration (30 ans ou des services
militaires dont la durée permet de compter 30 ans
de services à 60 ans d'âge). — Agent seçondaire
(chef) (30 ans ou des services militaires dont la
durée permet de compter 30 ans de services à
60 ans d'âge). — Agent secondaire (garçon servant) (30 ans ou des services militaires dont la
durée permet de compter 30 ans de services à
60 ans d'âge).

Ecole d'application de cavalerie.

Commis d'administration (30 ans ou des services
militaires dont la durée permet de compter 30 ans
de services à 60 ans d'âge). — Commis lithographe (30 ans ou des services militaires dont la
durée permet de compter 30 ans de services à
60 ans d'âge). — Aide-lithographe (30 ans ou des
services militaires dont la durée permet de compter
30 ans de services à 60 ans d'âge). — Gardien
de 5e classe (30 ans ou des services militaires dont
la durée permet de compter 30 ans de services à
60 ans d'âge). — Homme de peine de 3e classe
(30 ans ou des services militaires dont la durée
permet de compter 30 ans de services à 60 ans
d'âge).

Ecole polytechnique.

Commis d'administration (30 ans ou des services
militaires dont la durée permet de compter 30 ans
de services à 60 ans d'âge). — Gardien des col-
lections, des laboratoires, de la bibliothèque et du

magasin (30 ans ou des services militaires dont la
durée permet de compter 30 ans de services à
60 ans d'âge). — Agent subalterne (30 ans ou des
services militaires dont la durée permet de compter
30 ans de services à 60 ans d'âge).

Personnel administratif de l'école polytechnique.

Adjoint au trésorier (56 ans). — Adjoint au comptable du matériel (56 ans). .

Ecole de santé militaire.

Chef de garçons (pouvoir réunir 30 ans de services
à 60 ans d'âge). — Cuisinier, chef et garçon de
5ᵉ classe (pouvoir réunir 30 ans de services à
60 ans d'âge).

*Ecoles militaires préparatoires d'infanterie,
de cavalerie et d'artillerie. Orphelinat Hériot.*

Professeur.

Ecole d'application de l'artillerie et du génie.

Préparateur du cours de sciences appliquées et de
photographie (30 ans ou des services militaires
dont la durée permet de compter 30 ans de services à 60 ans d'âge). — Artiste lithographe
(30 ans ou des services militaires dont la durée
permet de compter 30 ans de services à 60 ans
d'âge). — Artiste mécanicien (30 ans ou des services militaires dont la durée permet de compter
30 ans de services à 60 ans d'âge). — Dessinateur
(30 ans ou des services militaires dont la durée
permet de compter 30 ans de services à 60 ans
d'âge). — Commis d'administration (30 ans ou des
services militaires dont la durée permet de compter
30 ans de services à 60 ans d'âge). — Agent secondaire (30 ans ou des services militaires dont

la durée permet de compter 30 ans de services à 60 ans d'âge).

Ecole militaire préparatoire de l'artillerie et du génie.

Professeur civil (30 ans ou des services militaires dont la durée permet de compter 30 ans de services à 60 ans d'âge).

Section technique de l'artillerie.

Commis stagiaire (30 ans ou des services militaires dont la durée permet de compter (30 ans de services à 60 ans d'âge). — Gardien de bureau (30 ans ou des services militaires dont la durée permet de compter 30 ans de services à 60 ans d'âge). — Concierge (30 ans ou des services militaires dont la durée permet de compter 30 ans de services à 60 ans d'âge).

Manufactures d'armes et fonderie de canons.

Ouvrier immatriculé (réunir 25 ans de services à 60 ans d'âge, services militaires compris).

Poudrerie militaire du Bouchet.

Poudrier (30 ans ou des services militaires dont la durée permet de compter 30 ans de services à 60 ans d'âge). — Concierge (30 ans ou des services militaires dont la durée permet de compter 30 ans de services à 60 ans d'âge).

Section technique du génie.

Expéditionnaire stagiaire (30 ans. — Gardien de bureau (30 ans).

Direction du génie.

Casernier de 2ᵉ classe en France (40 ans). — Casernier

de 2ᵉ classe en Algérie (40 ans). — Concierge des hôtels des quartiers généraux (40 ans).

Service des subsistances militaires.

Ingénieur technique du servie de l'intendance.

Service géographique de l'armée.

Dessinateur de 3ᵉ classe (pouvoir compter 30 années de services effectifs à 60 ans d'âge). — Graveur de 3ᵉ classe ou modeleur de 3ᵉ classe (pouvoir compter 30 années de services effectifs à 60 ans d'âge). — Calculateur de 3ᵉ classe (pouvoir compter 30 années de services effectifs à 60 ans d'âge). — Aquarelliste de 3ᵉ classe (pouvoir compter 30 années de services effectifs à 60 ans d'âge). — Gardien de bureau (pouvoir compter 30 années de services effectifs à 60 ans d'âge). — Concierge (pouvoir compter 30 années de services effectifs à 60 ans d'âge).

Hôtel des Invalides.

Ouvrier mécanicien. — Ouvrier charron. — Ouvrier tapissier. — Sous-employé (40 ans). — Servant (40 ans).

Service des poudres.

Chefs mécaniciens, 30 ans (limite reculée d'un nombre d'années égal à celui des années de services militaires comptant pour la retraite). — Commis et chef ouvrier, 30 ans (limite reculée d'un nombre d'années égal à celui des années de services militaires comptant pour la retraite). — Poudrier, 30 ans (limite reculée d'un nombre d'années égal à celui des années de services militaires comptant pour la retraite). — Concierge, 30 ans (limite reculée d'un nombre d'années égal à celui des années de services militaires comptant pour la retraite).

Ministère de la marine (1). — *Administration centrale.*

Rédacteur stagiaire, 34 ans au 1ᵉʳ janvier de l'année de l'examen. — Un dixième des vacances dans l'emploi de rédacteur est réservé à l'avancement des commis qui remplissent les conditions exigées par le règlement spécial au ministère de la marine. — Commis stagiaire (32 ans au 1ᵉʳ janvier de l'année de l'examen). — Gardien de bureau (pouvoir réunir 30 ans de services effectifs à 60 ans d'âge). — Journalier (pouvoir réunir 30 ans de services effectifs à 60 ans d'âge).

Service hydrographique.

Dessinateur de 4ᵉ classe (pouvoir prétendre, soit par l'âge, soit par les services antérieurs, à une pension de retraite à 55 ans et compter, à cette époque, 10 ans de services au service hydrographique). — Photographe (pouvoir prétendre, soit par l'âge, soit par les services antérieurs, à une pension de retraite à 55 ans et compter, à cette époque, 10 ans de services au service hydrographique). — Agent du service des instruments (pouvoir prétendre, soit par l'âge, soit par les services antérieurs, à une pension de retraite à 55 ans et compter, à cette époque, 10 ans de services au service hydrographique).

---

(1) Les emplois du ministère de la marine ne sont donnés aux militaires de l'armée de terre qu'à défaut d'officiers-mariniers ayant 5 ans de services au moins.

*Personnel des services du commissariat de la flotte.
— Personnel des directions des travaux. — Personnel des comptables des matières.*

Commis d'administration de 4e classe des services du commissariat de la flotte et de la santé (pouvoir prétendre, soit par l'âge, soit par les services antérieurs, à une pension de retraite à 56 ans). — Commis d'administration de 4e classe des directions des travaux (pouvoir prétendre, soit par l'âge, soit par les services antérieurs, à une pension de retraite à 56 ans). — Commis de 4e classe du service de la comptabilité des matières (pouvoir prétendre, soit par l'âge, soit par les services antérieurs, à une pension de retraite à 56 ans).

Personnel ouvrier des arsenaux et établissements de la marine.

Ouvrier de 1re catégorie (spécialité) (pouvoir réunir, à 55 ans, les conditions d'admission à la pension de retraite). — Ouvrier de 2e catégorie (manœuvre) pouvoir réunir, à 55 ans, les conditions d'admission à la pension de retraite).

Ministère de l'instruction publique et des beaux-arts.

Administration centrale.

Rédacteur stagiaire (30 ans). — Un dixième des vacances dans l'emploi de rédacteur est réservé à l'avancement des expéditionnaires qui remplissent les conditions exigées par le règlement spécial au ministère de l'instruction publique et des beaux-arts. — Expéditionnaire stagiaire (30 ans). — Gardien de bureau et homme de service (30 ans). — Employé à l'Institut (30 ans). — Garçon de bureau à l'Institut (30 ans).

Muséum d'histoire naturelle.

Gardien de galerie. — Concierge. — Surveillant.

Bibliothèque.

Surveillant. — Gardien-concierge. — Homme de service.

Administration de l'inspection académique.

Commis d'inspection. — Gardien de bureau.

Ecole normale supérieure.

Garçon de laboratoire. — Concierge.

Facultés.

Commis de secrétaire de faculté. — Garçon de salle. — Gardien de bureau. — Garçon de laboratoire. — Appariteur de faculté.

Musées.

Gardien (33 ans).

Académie de médecine.

Employé. — Garçon de bureau.

Collège de France.

Appariteur. — Garçon de bureau. — Concierge.

Ecole des Chartes.

Appariteur. — Gardien de bureau. — Concierge.

Ecole des langues orientales.

Gardien de bureau. — Concierge.

Observatoires.

Gardien de bureau.

Archives nationales.

Commis. — Homme de service.

Enseignement secondaire.

Commis aux écritures (moins de 30 ans). — Répétiteur stagiaire. — Maître primaire.

Enseignement primaire.

Instituteur stagiaire (26 ans.)

ADMINISTRATION DES BEAUX-ARTS

Bâtiments civils et palais nationaux.

1° Service des bâtiments.

Gardien de chantier ou de magasin (35 ans). — Gardien de bureau (35 ans). — Charretier (35 ans). — Garçon fontainier (35 ans). — Garde forestier (35 ans).

2° Service des jardins.

Aide jardinier (45 ans).

3° Service des eaux de Versailles, Marly, Meudon, Saint-Cloud.

Sous-inspecteur (35 ans). — Expéditionnaire (35 ans). — Contrôleur-distributeur (35 ans). — Ouvrier (35 ans). — Fontainier-distributeur (35 ans). — Aide-garde-magasin (35 ans). — Garde des eaux (35 ans). — Garde cantonnier (35 ans). — Garçon de bureau (35 ans).

4° Garde-meuble et conservation des palais nationaux.

Rédacteur (30 ans). — Un dixième des vacances dans l'emploi de rédacteur est réservé à l'avancement des expéditionnaires qui remplissent les conditions exigées par le règlement spécial au ministère de l'instruction publique et des beaux-arts. — Expéditionnaire. — Ouvrier (tapissier, ébéniste, lustrier, serrurier et menuisier (moins de 30 ans). — Surveillant militaire (pouvoir compter à 60 ans d'âge 30 ans de services civils et militaires donnant droit à pension). — Surveillant portier (pouvoir compter à 60 ans d'âge 30 ans de services civils et militaires donnant droit à pension). — Portier (pouvoir compter à 60 ans d'âge 30 ans de services civils et militaires donnant droit à pension). — Homme de service (moins de 3.) ans).

Musées.

Commis aux écritures ou commis comptable. — Gardien (33 ans). — Concierge.

Ecole des beaux-arts.

Commis aux écritures ou commis comptable. — Gardien de bureau (33 ans). — Concierge.

Ecole des arts décoratifs.

Commis aux écritures ou commis comptable. — Gardien de bureau (33 ans). — Concierge.

Ecoles nationales des arts décoratifs ou des beaux-arts dans les départements.

Commis aux écritures ou commis comptable. — Gardien de bureau (33 ans). — Concierge.

Manufacture de Sèvres.

Commis aux écritures ou commis comptable (33 ans).
— Gardien de bureau (33 ans).

Manufacture des Gobelins.

Commis aux écritures ou commis comptable (33 ans).
— Gardien de bureau (33 ans).

Manufacture de Beauvais.

Commis aux écritures ou commis comptable (33 ans).
— Gardien de bureau (33 ans).

Musée Guimet.

Employé. — Gardien.

Musée ethnographique.

Gardien.

Ministère de l'agriculture.—*Administration centrale.*

Rédacteur stagiaire (30 ans). — Un dixième des
vacances dans l'emploi de rédacteur est réservé
à l'avancement des expéditionnaires qui remplissent les conditions exigées par le règlement spécial au ministère de l'agriculture. — Commis stagiaire (30 ans). — Gardien de bureau.

Ecoles vétérinaires.

Secrétaire de direction. — Commis d'administration.
— Econome. — Palefrenier. — Portier-consigne.
— Garçon de laboratoire. — Homme de peine.

Ecoles nationales d'agriculture.

Agent comptable. — Econome. — Commis. — Surveillant. — Concierge.

Fermes–écoles.

Surveillant comptable.

Ecole d'horticulture.

Agent comptable. — Surveillant.

Bergeries nationales.

Commis comptable.

Direction de l'hydraulique agricole.

Commis (32 ans). — Agent inférieur de l'hydraulique agricole (35 ans).

Haras et dépôts d'étalons.

Palefrenier (30 ans).

Forêts.

Garde des eaux et forêts domanial (35 ans). — Garde des eaux et forêts, cantonnier et garde des eaux et forêts sédentaires (35 ans).

Ministère du commerce, de l'industrie, des postes et des télégraphes.

Administration centrale.

Rédacteur stagiaire (30 ans). — Un dixième des vacances dans l'emploi de rédacteur est réservé à l'avancement des expéditionnaires qui remplissent les conditions exigées par le règlement spécial au ministère du commerce, de l'industrie, des postes et des télégraphes. — Expéditionnaire stagiaire (30 ans). — Gardien de bureau (30 ans).

Conservatoire des arts et métiers.

Secrétaire de la direction (30 ans). — Commis (30 ans). — Surveillant des cours (30 ans). — Concierge (30 ans). — Gardien chef (30 ans). — Gardien de galerie (30 ans).

Ecole centrale des arts et manufactures.

Commis (30 ans). — Garçon de bureau (40 ans). — Garçon de salle (40 ans). — Concierge (40 ans).

Ecoles d'arts et métiers d'Aix, d'Angers et de Châlons.

Secrétaire de la direction (30 ans). — Commis (service du matériel, comptabilité, économat, atelier) (30 ans). — Concierge (30 ans).

Ecole d'horlogerie de Cluses.

Surveillant.

Poids et mesures.

Vérificateur adjoint (36 ans).

SOUS-SECRÉTARIAT DES POSTES ET DES TÉLÉGRAPHES

Administration centrale.

Expéditionnaire (30 ans).

Postes et télégraphes.

Facteurs des postes à Paris (30 ans). — Facteur local et rural (30 ans). — Receveur (35 ans). — Surnuméraire (30 ans).

Télégraphes.

Surveillant des télégraphes (30 ans). — Facteur des télégraphes (30 ans).

Ministère des colonies. — *Administration centrale.*

Expéditionnaire stagiaire (30 ans). — Rédacteur stagiaire (30 ans de services à 60 ans d'âge). — Un dixième des vacances dans l'emploi de rédacteur est réservé à l'avancement des expéditionnaires qui remplissent les conditions exigées par le règlement spécial au ministère des colonies. — Gardien de bureau (30 ans de services à 60 ans d'âge).

*Secrétariats généraux dans les colonies
autres que l'Indo-Chine.*

Commis de 3º classe des secrétariats généraux (30 ans de services à 60 ans d'âge). — Sous-chef de bureau de 2º classe et stagiaire des secrétariats généraux (25 ans de services à 55 ans d'âge).

Administrateurs coloniaux.

Administrateur stagiaire et administrateur adjoint de 3º classe (25 années de services à 55 ans d'âge). — Administrateur adjoint de 2º classe (25 années de services à 55 ans d'âge). — Administrateur adjoint de 1ʳᵉ classe (25 années de services à 55 ans d'âge). — Administrateur de 3º classe (25 années de services à 55 ans d'âge). — Administrateurs de 2º et de 1ʳᵉ classe (25 années de services à 55 ans d'âge). — Observations générales. Les administrateurs coloniaux servent dans les colonies d'Afrique, à Madagascar, dans l'Inde, à la Nouvelle-Calédonie et dans les établissements français de l'Océanie.

Affaires indigènes.

Commis de 4ᵉ classe des affaires indigènes dans les colonies de la côte occidentale d'Afrique (30 ans de services à 60 ans d'âge).

Services civils de l'Indo-Chine.

Commis de 3ᵉ classe (30 ans). — Commis de 2ᵉ classe (30 ans). — Commis de 1ʳᵉ classe (30 ans). — Administrateurs stagiaires. — Administrateurs de 5ᵉ classe. — Administrateurs de 4ᵉ classe. — Administrateurs de 3ᵉ classe. — Administrateurs de 2ᵉ classe.

Personnel des affaires civiles de Madagascar.

Commis de 3ᵉ classe (30 ans de services à 60 ans d'âge).

Personnel des comptables de Madagascar.

Commis de 3ᵉ classe (30 ans de services à 60 ans d'âge).

Personnel des agents du commissariat.

Commis de 3ᵉ classe (30 ans).

Personnel des comptables des matières des colonies (anciennement agents des vivres et du matériel des colonies).

Magasinier de 4ᵉ classe (30 ans).

Infirmiers coloniaux.

Infirmier stagiaire (25 années de services à 50 ans d'âge) : âge maximum au moment de l'admission (40 ans).

Personnel européen de la garde indigène
(force de police civile dans diverses colonies).

Garde principal de 3ᵉ classe de la garde indigène de l'Indo-Chine (40 ans au plus). — Inspecteur de 3ᵉ classe de la garde indigène de l'Indo-Chine (40 ans au plus). — Inspecteurs de 1ʳᵉ, 2ᵉ et 3ᵉ classes de la garde indigène du Congo. — Gardes principaux de 1ʳᵉ et 2ᵉ classes de la garde indigène du Congo. — Gardes européens de la garde indigène de Madagascar (40 ans). — Gardes principaux de 4ᵉ classe de la garde indigène de Madagascar (40 ans). — Inspecteurs de 3ᵉ classe de la garde indigène de Madagascar (40 ans).

Ports et rades.

Capitaine et lieutenant de port (30 ans au moins, 60 ans au plus). — Maître de port (30 ans au moins, 60 ans au plus).

Douanes et régies de l'Indo-Chine (1).

Préposé et commis auxiliaire de 1ʳᵉ et de 2ᵉ classe (30 ans). — Commis de 4ᵉ classe et préposé de 3ᵉ classe du cadre permanent (1). — Commis de 3ᵉ classe (1) (30 ans. — Commis de 2ᵉ classe (1) (30 ans).

Police administrative et judiciaire
de Cochinchine (1).

Agent de 3ᵉ classe (25 ans au moins, 30 ans au plus).

Service du cadastre et de la topographie
en Cochinchine (1).

Elève géomètre (30 ans).

---

(1) Les agents nommés dans ce service concourent à une pension servie par la Caisse des retraites spéciale à l'Indo-Chine. Ils peuvent cumuler une pension militaire avec le traitement d'activité.

Imprimerie coloniale en Cochinchine (1).

Correcteur et agent (30 ans).

Police dans les colonies autres que l'Indo-Chine.

Commissaire de police adjoint (30 ans).

Administration pénitentiaire.

Commis de 2ᵉ et de 3ᵉ classe (réunir 25 ans de services effectifs à 55 ans d'âge). — Commis de 2ᵉ classe (réunir 25 ans de services effectifs à 55 ans d'âge). — Commis de 3ᵉ classe (réunir 25 ans de services effectifs à 55 ans d'âge). — Commissaire de police de 6ᵉ classe, retraité en vertu de la loi du 9 juin 1853. — Conducteur-commis des travaux de 4ᵉ classe. — Agent de culture de 4ᵉ classe. — Surveillant militaire de 3ᵉ classe (25 ans au moins, 40 ans au plus). — Commis greffier dans les prisons, gardien de prison.

Ministère des travaux publics.

Administration centrale.

Rédacteur stagiaire (30 ans). — Un dixième des vacances dans l'emploi de rédacteur est réservé à l'avancement des expéditionnaires qui remplissent les conditions exigées par le règlement spécial au ministère des travaux publics. — Expéditionnaire stagiaire (30 ans). — Gardien de bureau (30 ans).

---

(1) Les agents nommés dans ce service concourent à une pension servie par la Caisse des retraites spéciale à l'Indo-Chine. Ils peuvent cumuler une pension militaire avec le traitement d'activité.

Ponts et chaussées.

Commis stagiaire des ponts et chaussées (agents secondaires) (32 ans). — Agent voyer cantonal (35 ans). — Agent voyer auxiliaire (35 ans). — Piqueur, 35 ans.

Eaux et égouts.

Garde de navigation (45 ans). — Eclusier (45 ans). — Barragiste (45 ans).

Services divers.

Garde-pêche (35 ans). — Garde de navigation (35 ans). — Eclusier (35 ans). — Barragiste (35 ans). — Pontier (35 ans). — Gardien de phare (35 ans) — Mécanicien chauffeur, graisseur des usines des ponts et chaussées (35 ans).

ADMINISTRATION DES CHEMINS DE FER DE L'ÉTAT

A. *Emplois réservés aux candidats au titre d'aspirant.*

1° Aspirants de 2ᵉ classe.

Rédacteur (32 ans) — Dessinateur (32 ans). — Intérimaire (32 ans). — Mécanicien (32 ans). — Chef de district (32 ans).

2° Aspirants de 1ʳᵉ classe.

Rédacteur (32 ans. — Dessinateur (32 ans). — Intérimaire (32 ans). — Mécanicien (32 ans). — Chef de district (32 ans).

B. *Emplois réservés aux candidats au titre d'agents à l'essai.*

Aide-contremaître (30 ans). — Rédacteur (30 ans). — Intérimaire (30 ans). — Expéditionnaire (30 ans). — Commis (30 ans). — Comptable (30 ans).

— Dessinateur (30 ans). — Piqueur de la voie (30 ans). — Chef d'équipe des ateliers (30 ans). — Chef d'équipe du petit entretien (30 ans). — Facteur enregistrant (30 ans). — Commis de grande et de petite vitesse (30 ans). — Chauffeur de train (30 ans). — Chef d'équipe des nettoyeurs (30 ans). — Chauffeur de machine fixe (30 ans). — Maître de chai (30 ans). — Huissier (30 ans). — Facteur (30 ans). — Employé au télégraphe (30 ans). — Surveillant (30 ans). — Pointeur (30 ans). — Aide-préposé à la reconnaissance (30 ans). — Garde-frein (30 ans). — Commis d'ordre des gares (30 ans). — Ouvrier lampiste (30 ans). — Surveillant électricien (30 ans). — Surveillant balancier (30 ans). — Visiteur (30 ans). — Tonnelier (30 ans). — Distributeur (30 ans). — Gardien de bureau (30 ans). — Concierge de bureau (30 ans). — Homme d'équipe (30 ans). — Concierge de gare (30 ans). — Homme d'équipe lampiste (30 ans). — Lampiste (30 ans). — Poseur (30 ans).

PRÉFECTURE DE LA SEINE. — *Emplois divers.*

Garde du palais de justice ou du tribunal de commerce. — Gagiste du palais de justice ou du tribunal de commerce (45 ans, prorogée jusqu'à 55 ans pour les candidats comptant des services valables pour la retraite dans la limite de la durée de ces services).

Assistance publique.

Expéditionnaire à l'administration centrale (Services départementaux seulement) (35 ans). — Commis (services départementaux seulement) (35 ans). — Gardien de bureau (40 ans). — Commis d'agence du service extérieur des enfants assistés (35 ans).

PRÉFECTURE DE POLICE

Commissariat des communes du département de la Seine.

Sergent de ville (30 ans).

Maison de retraite de Villers-Cotterets.

Comptable (30 ans). — Surveillant (30 ans).

Maison départementale de Nanterre.

Régisseur comptable (30 ans). — Commis aux écritures (30 ans). — Surveillant (30 ans).

Laboratoire de toxicologie.

Garçon de laboratoire (30 ans).

Morgue.

Commis-greffier (30 ans). — Garçon de service (30 ans). — Gardien (30 ans). — Garçon de bureau (30 ans).

Paris. — Imp. LÉAUTEY, rue Saint-Guillaume, 24.